自発学習型　異文化コミュニケーション入門
ワークブック

はじめに　3

第 1 章　文化って何だろう　6

第 2 章　見える文化と見えない文化　11

第 3 章　カルチャーショック　16

第 4 章　ステレオタイプ　22

第 5 章　価値観の違い　26

第 6 章　間のとり方と話し手の交代　30

第 7 章　文脈の重要性　33

第 8 章　集団主義と個人主義　37

第 9 章　異文化に慣れる　43

第 10 章　差異を楽しむ　48

第 11 章　外国語の学習　52

第 12 章　聞く力と伝える力　57

第 13 章　交渉する力　63

第 14 章　異文化コミュニケーション・スキル　67

第 15 章　静かな教室と白熱する教室　71

おわりに　76

はじめに

　街に出れば英語、中国語、マレー語、タミル語が飛び交い、寺院、教会、モスクがあちこちに点在する。オープンマーケットでは、野菜、果物、肉、魚介類等、ありとあらゆる食材がところせましと並び、さまざまなスパイスの匂いが鼻をくすぐる。シンガポールのように多様な文化が共存する生活は、日本に住んでいる私たちの多くにとっては身近なものではない。

　しかし、今では、多くの日本人が異文化との接触を経験するようになってきています。海外旅行者の数は増え、ホームステイや語学留学で短期・長期の外国での生活を体験する日本人も多くなりました。仕事で海外に出かけるビジネスパーソンも異文化の中で生活し、一定の役割を果たすために頑張っています。

　日本国内でも、地域によっては、外国人をよく見かけます。筆者の住んでいる福岡市でも、近くのコンビニやスーパーでは中国からの留学生たちがバイトをしています。このように、何らかの形で異文化と接触する機会は増加していると言ってよいでしょう。

　ところが、日本の大学生の中には海外旅行の経験がまったくない者も予想以上に多いし、日常生活の中で異文化にまったく気づかない者も数多くいるというのも事実です。

　本書は、このような異文化体験が余りない大学生たちを対象とし、「異文化コミュニケーション」とはどんなものなのかを考えてもらうために書いたものです。そして、著者が勤務した大学において「異文化コミュニケーション」というコースを担当してきた経験から、身をもって学んだことを念頭に書きました。

　その身をもって学んだこととは、多くの大学生たちにとって、

　　＊異文化コミュニケーションは現実とは程遠いもので、漠然としかその重要性はわからない。

　　＊文化的な違いなどを指摘されても、ピンとこないし、実感がわかない。

というものでした。

　それでは、異文化コミュニケーションをもっと身近なものとしてとらえてもらうためには、何が必要なのかということになるのですが、筆者は以下のように考えます。

　　＊専門用語の使用は必要最小限にとどめ、理論的説明も極力避ける。

　　＊卑近な具体例を基に大学生自身に考えてもらう。

　そのために、本書の内容は、主として筆者の個人的体験に基づいて書いたものとなっています。もっと具体的に言うと、筆者自身のアメリカにおける留学や研究、そしてアメリカの友人たちやアメリカの大学生たちとのつき合いを通して実感したことを例として取り上げています。将来、異文化との接触を体験するであろう大学生たちには、筆者の個人的体験に基づく解説や事例が分かりやすく、役に立つと確信しています。

　もう一つの特徴は、大学生自身に考えてもらうために、各章にエクササイズを取り入れた「自発学習型」の入門書になっていることです。最近の大学生たちは自分自身を振り返りながら学習をする機会に恵まれないように思えるからです。一方的に与えられた知識はあくまで参考にすべきことであって、答えではありません。答えは自分自身で出すものです。ですから、エクササイズを通して、自分の答えを探す作業をしてほしいと願っています。

　各章の最後には、「英語の表現も学ぼう」と銘うって、異文化コミュニケーションでよく使う用語を日本語・英語で併記しています。是非利用して役立ててください。そして、各章の締めくくりとして"Opinion"を書いてもらうように構成しました。授業で学んだこと、思ったこと、新しく発見したことなど、自由に書いてください。自己表現スキルの練習にもなると思います。

2012年4月
中村良廣

第1章　文化って何だろう

　まず、あなた自身に考えてもらいましょう。「文化」と聞いて何を思い浮かべますか。制限時間は5分です。以下に、思いつくままに、できるだけたくさん箇条書きしてください。

エクササイズ　1　（制限時間：5分）

　実は、「文化」の定義はさまざまで、決まったものはありません。100人の専門家たちに聞いたら100とおりの違った答えが返ってくるでしょう。もし、共通項があるとすれば、専門家たちは、芸術とか科学技術などを「高等文化」と呼んだり、歌舞伎とか能などに「伝統文化」というレッテルを貼ったりしているということでしょう。

　しかし、異文化コミュニケーションの分野では、高等文化・伝統文化よりも私たちの「日常生活様式」に重点を置いています。どのような服装をしているか、どのような食事をしているか、どのようなものの見方や考え方をしているか、どのような行動をとるか、というようなことに注目するのです。つまり、私たちの日常生活すべてが「文化」の範疇に入ります。

　では、あなたが箇条書きしたものをもう一度見直して、「高等文化・伝統文化」と「日常生活様式」とに分類してください。

エクササイズ　2　（制限時間：5分）

高等文化・伝統文化	日常生活様式

　分類項目としては、どちらが多いですか。高等文化・伝統文化ですか、それとも日常生活様式ですか。もし、高等文化・伝統文化の方が多い場合は、ちょっと頭を切り替えてほしいと思います。これからは、「文化」は日常生活様式のことをも意味しているということを念頭において、異文化コミュニケーションについて考えていくようにしてください。

　では、次にエクササイズ3をおこないます。制限時間は10分です。以下に、生まれたときから現在まで、まさにこの時点までのあなたの半生を振り返って、順序にこだわらず、あなたの人生での出来事をできるだけたくさん箇条書きしてください。たとえば、いつ幼稚園に入園しただとか、いつピアノを習い始めただとか、あるいは、レスリングを習いたかったけど、両親にだめと言われただとか、何でもかまいません。あなたの頭に浮かぶことを書いてください。

　これは、重要だとか、これは些細なことだとか、ということは考えないでください。頭に浮かんできたことを自由に書き出してください。再度言いますが、時間を追って書く必要もありません。頭に浮かんだ順で結構です。

エクササイズ　3　（制限時間：10分）

では、エクササイズ4です。今エクササイズ3で書き出したことをもう一度じっくり見てください。そして、それを一つ一つ見ながら、どのような束縛も受けず、自分の自由意志で決めて実行したことだけを以下に改めて書き写してください。制限時間は5分です。

エクササイズ　4　（制限時間：5分）

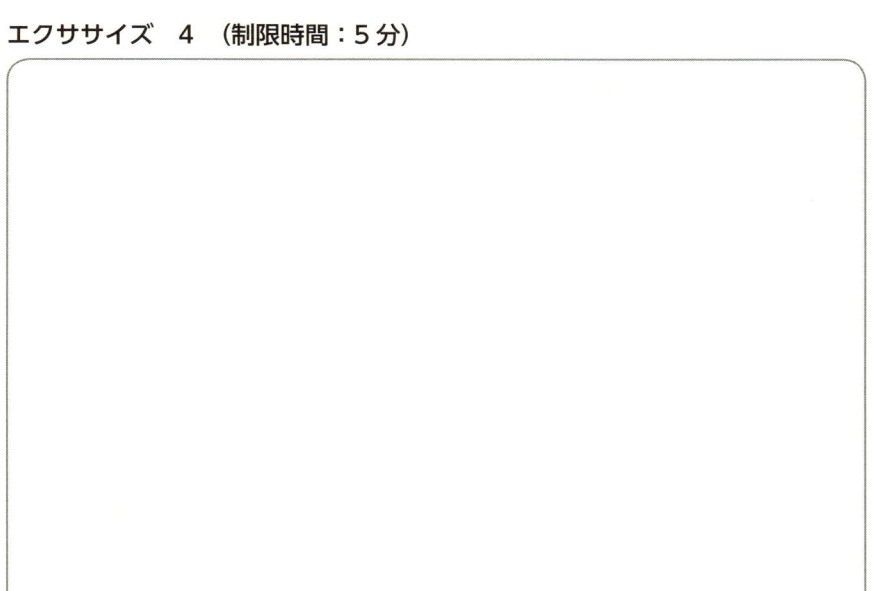

　さあ、どうでしょう。あなたの自由意志で決めたことはどのくらいありますか。たとえば、小学校へ入学する場合、4歳の時に、「そろそろ小学校に行きたくなったし、今年の4月から行こうかな」と決めた場合、それは可能でしょうか。

　あるいは、4月でなくて、8月とか10月とかに行きたくなったら、それを実行できるでしょうか。多分、無理でしょうね。では、なぜ無理なんでしょうか。

　中学二年生のとき、ワインが飲みたくなったので、ワインバーに行くことにしました。「ワインを飲む」と自由意志で決めたのですが、実際にできるでしょうか。それもだめでしょうね。でも、なぜだめなのでしょう。

それは、法律や社会規範といったものに反するからです。でも、ここでちょっと考えてみてください。法律や社会規範はだれが決めたのでしょう。それは、私たち自身です。そして、法律や社会規範も日常生活様式の一部だということです。つまり、法律や社会規範も「文化」の一部なのです。

　確かなことは、

　　　　文化は、普段は気づかないけれど、実際には私たちの生活の
　　　　隅々まで行きわたり、私たちの日常に大きな影響をあたえている

ということです。

英語の表現も学ぼう

文化　　culture
異文化コミュニケーション　intercultural communication
高等文化　high culture
伝統文化　traditional culture
範疇　category
日常生活様式　daily lifestyle
自由意志　free will
法律　law
社会規範　social norm

Opinion

第2章　見える文化と見えない文化

「文化は、普段は気づかないけれど、実際には私たちの生活の隅々まで行きわたり、私たちの日常に大きな影響を及ぼしている」と前述しました。

あなたは、人と話をしている時、あなたのことば使い、ものの考え方、ものの見方、意思表示の仕方など、文化によって影響を受けているということを意識することがありますか。

日本語で「それは、ちょっと」と言った場合、肯定的な返事だと解釈しますか、それとも否定的な返事だと解釈しますか。「済みませんが、もう少し考えさせてください」の場合はどうでしょう。

あなた自身がこれまで食べ物として考えもしなかったものを、平気で食べている人を目にしたとき、どんな感じがするでしょう。刺身、つまり生の魚を、おいしそうに食べている日本人は、魚を生で食べるなんてことをしない人たちには、どのように映るでしょうか。

なかなか難しい問題ですね。異文化コミュニケーションを考える場合、どうしても文化というものを意識せざるを得なくなります。この意識するということが異文化コミュニケーションへの第一歩となるのです。

文化は概して気づきにくいものですが、それでも目に見える文化と目に見えない文化に大別することができます。目に見える文化の例としては、衣服、料理、音楽、建築物など、形あるものが挙げられます。目に見えない文化としては、価値観、教育観、意思決定の方法、親と子の関係など、概念的あるいは観念的なものが考えられます。

ここで、あなた自身に考えてもらいましょう。次の質問に対するあなたの答を書いてください。

① 親友と友達の境界線は何でしょうか。

② 友達と知り合いを区別する基準は何でしょうか。

では、次に、目に見える文化、目に見えない文化の例をそれぞれ書き出してください。あなたの思うままにできるだけ多く書き出してください。制限時間は7分です。

エクササイズ　1　(制限時間：7分)

目に見える文化	目に見えない文化

　目に見える文化・目に見えない文化と大別しましたが、目に見える文化だから理解しやすいという単純なものではありません。目に見えない文化に比べると理解しやすいということであって、どちらの文化も解釈を間違うといろいろな誤解を生じることになるのです。

　見える文化と見えない文化は、よく氷山に例えられます。海面上に出ている部分、つまり、見える文化は文字通り氷山の一角で、実は海面下にある見えない文化の方がもっと意識されにくく、量的にも大きな部分を占めているのです。

　では、復習の意味で、以下に列挙した文化のうち、目に見えない文化と思われるものを丸で囲んでみてください。制限時間は3分です。

エクササイズ　2　（制限時間：3分）

> 絵画　　　華道　　　倫理観　　　仕事に対する考え方
>
> 教師と生徒とのあり方　　　ファッション　　　建築物
>
> 会社に対する忠誠心　　　食器　　　映画　　　価値観
>
> おじぎの仕方　　　茶道　　　上司・部下・同僚の呼び名
>
> ジェスチャー　　　工芸品　　　接客態度　　　子供のしつけ

　こうやって、改めて考えてみると、文化というものがいかに私たちの生活をコントロールしているのかが、わかったのではありませんか。

　先ほど、親友と友達の境界線、友達と知り合いの区別の基準について考えてもらいましたが、境界線や基準を明確にするのは容易ではなかったでしょう。これが、文化的背景が異なる人たちとのコミュニケーションということになると、もっと複雑になってきます。それは、境界線や基準が文化によって異なり、どう異なっているのか、あらためて学習しなければならないからです。

　次の文を読んで、あなたはどのように理解しますか。

　①　あの人は大きいね。

　②　マンションを4千万円で買いました。

　「あの人は大きいね」の「大きい」というのは、「背が高い」という意味でしょうか。あるいは、「太っている」ということでしょうか。両方の意味を含んでいるかもしれませんね。

　「あの人」が男性か女性かで、「大きい」の基準が変わってきませんか。男性を指して「あの人は大きいね」と言った場合と女性を指して「あの人は大きいね」と言った場合では、同じ基準を念頭に置いているとは思われません。男性で大きい人は、身長・体重はどのくらいでしょうか。女性で大きい人は、身

長・体重はどのくらいでしょうか。あなたの判断基準は何ですか。

　これがアメリカだったらどうでしょう。あなたが、アメリカ人を指して「あの人は大きいね」と言う場合、何をもって「大きい」と言っているのでしょうか。日本ではよく見かける光景だと思うのですが、電車やバスに乗っている外国人を見て、その人を指さしながら、お母さんが子供に、「大きいね」と言ったりします。それで、私もその外国人を見るのですが、別に「大きい」とは思わないことの方が多いのです。その人はアメリカでは普通のサイズだからです。このお母さんと私の判断基準が違うからこういうことになるわけです。

　「マンションを4千万円で買いました」を考えてみましょう。このマンションは高いですか、それとも安いですか。あるいは手頃な値段ですか。あなたがどのような判断を下したかはわかりませんが、何らかの基準で判断したはずです。その基準は何でしょうか。

　実際は、部屋の数、室内の装飾、周りの生活環境・景観など、いろいろな要素を考えた上でないと判断できないと思うのですが、どうですか。もし、アメリカだったら、4千万円出せば、一般的には日本よりも広いマンションが買えます。アメリカの基準から考えると、日本で買えるマンションに対しての4千万円は高いということになるでしょう。

　2つの文を例に話を進めてきましたが、文字通りの解釈はできたとしても、日本人とアメリカ人がコミュニケーションをおこなっている場合、ある程度、判断基準に関しての共通理解がなければ、実際にはわかりあえていないということになるのが明確になったのではないですか。

　大事なのは、お互い

何を基準にして

話をしているのかを理解してないと、誤解が生じるということを肝に銘じることだと思います。「お互い何もわかってないんだ」というくらいの気持ちでコミュニケーションに臨むことがポイントです。

英語の表現も学ぼう

見える文化　visible culture
見えない文化　invisible culture
基準　criteria
肯定的な返事　positive reply
否定的な返事　negative reply
解釈　interpretation
マンション　condominium
共通理解　common understanding

Opinion

第3章　カルチャーショック

　カルチャーショックとは、異文化に接したときに感じる心理的ストレスやフラストレーションのことです。これは、個人的な要因が強く、例えば、アメリカに行った日本人全員が同じ原因で同じようなカルチャーショックを受けるわけではありません。

　日本に来ている諸外国からの留学生たちの話を聞くと、いろいろ面白いことがわかります。そのいくつかを紹介しましょう。

「日本では本物のソーセージが手に入らない。ソーセージとはいうけど、全然ドイツのものとは違う」

「日本ではなぜペットを安楽死させてあげないの。これ以上治療しても治らないとわかっているのに、なぜ苦しみながら死を待つようなことをするのか理解できない。アメリカの獣医だったら、むしろ安楽死を提案するのに。日本の獣医はいやがるからね」

「食事に行こうって誘われたから行ったんだけど、支払うときには割り勘だって言われた。韓国だったら誘った人が支払うのに。それで、次は私が支払うようにするのが普通なんだけど」

「アパートを借りるとき、なんで敷金を払わなきゃいけないわけ。それも全額戻ってくるわけじゃないし。オーストラリアじゃ敷金なんてないよ」

「結婚式に招待されたのでプレゼントしたんだけど、お返しをもらっちゃった。しかも、お返しの方が僕があげたプレゼントより高かったんだ。ただプレゼントしたいから、プレゼントしたのに。アメリカじゃ、お返しなんてしないよ。誕生日でもクリスマスでも、プレゼントしたいからプレゼントするんだよ」

　こうしたカルチャーショックは文化の違いが原因で起きます。自分の国では当然だと思われていることが、そうではない異文化の中では、程度の差はあっても、不安や戸惑いを覚えたりするわけです。何となく居心地の悪さを感じるのです。そして、カルチャーショックの多くは、日常生活の中での体験に起因

しているのです。いわゆる、高等文化や伝統文化からカルチャーショックを受けるということはまれだと言ってもいいでしょう。

　それでは、あなたにも考えてもらいましょう。以下に、自分が実際に経験したカルチャーショック、もしくは、こんな時は多分カルチャーショックを受けるだろうなと想像することをできるだけたくさん書き出してください。制限時間は10分です。

エクササイズ　1　（制限時間：10分）

　そのほかにもカルチャーショックの原因となるものはたくさんありますが、主な原因として、以下のように集約できるでしょう。

① 言葉が通じない。

② 好みの食材が手に入らない。

③ 家族や友達と離れている。

④ 自国だったら何でもないことが普通にできない。

どうですか。異文化の中で生活することが大変だってことは容易に想像がつくのではありませんか。

　では、ここでちょっと見方を変えてみましょう。これまでカルチャーショックを異文化の観点からとらえてきました。そこで、次は、カルチャーショックを異文化の範囲に限定せず、心理的不安やフラストレーションということで考えてみましょう。つまり、日本国内での生活の中であなた自身がこれまで経験したカルチャーショックということにしましょう。そうすれば、外国での異文化接触の経験がなかったとしても、みなさんそれぞれ何らかのカルチャーショックを経験しているはずですから。奇異に感じたことや違和感をもった出来事を思い出して以下に書き出してください。

エクササイズ　2　（制限時間：10分）

では、エクササイズ2で書き出したことをもう一度読み返してください。そして、今度は、書き出したことについて、なぜ奇異に感じたり、違和感をもったのか、その理由を記述してください。

エクササイズ　3　（制限時間10分）

第3章　カルチャーショック

実は「なぜ」を考えることが、異文化コミュニケーションをうまくおこなうためには重要なことなんです。「何かおかしいな」、「ちょっと変だよね」、「何でこうなるわけ」、「こんなことって普通じゃないでしょ」、というように感じる人は多いのですが、「なぜ」そのように感じるのかを考える人はそう多くはありません。別の言い方をすると、「なぜ」を考える時間をとることができる人は、より円滑に異文化コミュニケーションをおこなうことができるようになるのです。これは非常に大切なポイントです。

　カルチャーショックの真っただ中にいるあいだは、だれでもつらく感じます。でも、人間って強いもので、新しい環境に慣れていく力も身につけています。程度の差はあっても、徐々に異文化に適応していくのが普通です。

　しかし、カルチャーショックはここで終るわけではありません。たとえば、あなたがアメリカで一年か二年生活したとしましょう。アメリカという異文化の中でさまざまなカルチャーショックを受けながらも、アメリカ生活を終え、日本に帰国したと想像してみてください。その間、アメリカ文化にも慣れ、同時に日本のこともより客観的に見ることができるようになっています。よく言われるように、「外国に行ったら日本のことがよくわかる」というのはこの事をさしてるんですね。

　そして実際に日本に帰国したとき、今度はアメリカと比較するようになり、アメリカに行く前は当たり前だと思っていたことが、帰国後「何かおかしいよね」と感じたりするようになるわけです。これは、異文化から自文化にもどったときに体験するカルチャーショックなのです。このようなカルチャーショックを「逆カルチャーショック」とか「リエントリーショック」と呼んでいます。

　私たちは異文化でカルチャーショックを受け、帰国したときに逆カルチャーショック、もしくはリエントリーショックを経験するのです。そして、このプロセスを繰り返しながら、それぞれ異文化と自文化においてどのような行動をとるのが良いのかを学んでいくのです。

　ここまでカルチャーショックについて考えてきました。「ショック」という響きは「大変なこと」を連想させてしまいがちですが、むしろ、「新鮮で刺激的」という意味に解釈してほしいと思います。ショックがあるから異文化コミュニケーションは楽しいのです。

英語の表現も学ぼう

カルチャーショック　culture shock
心理的ストレス　psychological stress
フラストレーション　frustration
違和感　uncomfortable feeling
適応　adaptation
適応する　adapt
逆カルチャーショック　reverse shock
リエントリーショック　re-entry shock

Opinion

第3章　カルチャーショック

第4章　ステレオタイプ

　日本と聞いて、あなたは何を思い浮かべますか。インドはどうでしょう。アメリカ、韓国の場合はどうですか。以下にみなさんが思い浮かべることをすべて書き出してください。制限時間は10分です。

エクササイズ　1　（制限時間：10分）

日本

インド

アメリカ

韓国

書き出したことをもう一度よく読んでください。その中で、実際に皆さん自身が目にしたこと、体験したことがどの程度あるでしょう。例えば、インドに一度も行ったことがない人でも何か記述していると思いますが、その情報はどこで手に入れたものなのでしょうか。行ったこともないインドについてなぜ記述することができたのでしょうか。実体験も含めて、あなたの情報源を箇条書きしてください。テレビのクイズ番組とか旅行のガイドブックだとか、いろいろあるはずですね。制限時間は5分です。

エクササイズ　2　（制限時間：5分）

　実際にインドに行ったことがある人でも、見聞きしたことはほんのわずかです。それで、インドのすべてがわかるはずもありません。インドに行ったこともない人は、さらにインドについての情報は人づてからということになります。それでも、一般化された情報を頭の中に入れているわけです。

　このように、確認もしないでそうだと思い込んでしまうことをステレオタイプ化といいます。

　ステレオタイプ化された身近な話というのはたくさんあります。例えば、

　　　オシャレだね。さすがフランスの女性だ。
　　　日本人は親切だし、まじめだよね。
　　　イタリア人は陽気で楽しいよね。
　　　アメリカ人はフレンドリーだよ。誰にでも気軽にあいさつするしね。

　このようなステレオタイプ化は一般的な傾向を判断するために役に立つので

すが、逆にそのために個人が見えなくなってしまうというリスクもあります。

　例えば、「アメリカ人はフレンドリーだよ。誰にでも気軽にあいさつするしね」と思いこんでいる時、何かとっつきにくくて、こっちがあいさつしても、あまり嬉しそうな顔をしないアメリカ人に会った時は、「なんか、アメリカ人らしくないなあ！」などと思ってしまうことがあります。これは、ステレオタイプ化されたアメリカ人全体の印象と、このとっつきにくい一人のアメリカ人との印象に差があるからです。

　ステレオタイプ化することを避けるのはほとんど不可能です。むしろ、場合によっては、ステレオタイプ化された情報をもとにコミュニケーションを図ることも必要です。

　例えば、留学生歓迎パーティーなどで初めて会ったアメリカ人と話をする場合のことを想像してください。名前や年齢、趣味など、その人に関する情報がないわけですから、どのように話を進めて行けばよいのか判断に困ってしまいますね。そんな時は、ステレオタイプ化された情報を上手く使うことが求められます。「アメリカ人は野球が好きだから、野球の話から始めてみるか」と考えるだけでもきっかけがつかめそうですね。

　ですが、いつまでもステレオタイプ化された情報のみに頼っていたのでは、コミュニケーションは前進しません。話のきっかけができたら、徐々に、その人を個人として見ていくようにすることが重要です。

　異文化コミュニケーションの分野では、次のようなことを大切にするよう提案しています。

　　ステレオタイプ化は避けて通れない。むしろ、上手く利用すること。

　　**ただし、ステレオタイプ化された情報にのみ惑わされないように
　　用心をしながら、ありのままを見るように努力する。**

　では、ここで、あなた自身に考えてもらいましょう。以下の質問に対してあなたの意見を記述してください。まず、質問に対して「はい」か「いいえ」を明確にしてください。その上で、その理由を述べてください。制限時間は10分です。

エクササイズ　3　（制限時間：10分）

「女性はおしゃべり」だと思いますか。

英語の表現も学ぼう

ステレオタイプ　stereotype
親切な　kind
まじめな　serious
陽気な　cheerful
フレンドリー　friendly
気軽に　casually

Opinion

第5章　価値観の違い

　目に見えない文化の一つに価値観がありました。覚えていますか。この価値観というのは、異文化コミュニケーションをおこなう場合もなかなかやっかいなものです。

　まず、個人が属する社会全体が共有している価値観というものがあります。例えば、会社に対する忠誠心などはその一端です。以前ほどではないにしても、会社、つまり、仕事を最優先することが大事と考えている日本人はまだまだ多くいます。

　そのような状況の中、仕事よりも家族の方が大切だと考える人が、定刻になったらさっと仕事を片付けて、マイホームへと急ぐのは、現実にはそう簡単なことではありません。同僚とのつき合いもあるし、上司に残業してでも仕事を仕上げるように言われれば、「いやです」とはなかなか言いにくいものです。このように、社会の価値観と個人の価値観に差が生じるとき、私たちは悩んだり、困惑したりするわけです。

　日本では、「家庭サービス」などと言いますが、アメリカではそんなことは言いません。日本の家庭サービスというのは、いつもは家族のために何もやってないので、たまには何かしなくては、という意味合いが強いものです。そもそも、家族はサービスを提供する相手ではないはずです。家族と映画を見に行ったり、食事をしに出かけたり、あるいは家で家族と話をしながらのんびり過ごしたりと、普段からやっていれば、特別に家庭サービスなんてことを考える必要はないはずです。

　個人レベルでも価値観にはさまざまな違いがあります。実は、これも結構難しい問題を含んでいます。それは、社会で共有されている価値観よりももっと強く「好き、嫌い」、あるいは「良い、悪い」「正しい、間違っている」という個人的判断が表面化するからです。

　海外旅行を例にとってみましょう。あなたは、海外旅行する機会があったら、どこへ行きたいですか。

　インターネットで検索すると、スウェーデン北部のユッカスヤルビという町

にある「アイスホテル」というのが出てきます。氷と雪でできたアイスホテル棟があって、室内温度はマイナス5度前後に保たれ、部屋には氷と雪でできたベッドの上にトナカイの毛皮が敷かれ、マイナス15度くらいまでは対応できる寝袋に入って休むのだそうです。あなたは、このアイスホテルに宿泊したいですか。「何か面白そうだな」というわけで、行ってみたいという人もいるでしょう。

「とんでもない、そんな寒いところなんか行きたくもないし、ましてや氷と雪でできたホテルに泊まるなんて冗談じゃない」と言う人もいるでしょう。私自身はハワイ大好き人間ですから、アイスホテルに泊まりたいなんて思いません。それよりも、アロハシャツとサンダルで身軽に街中を歩く方を選びます。

どちらを選ぶかは、その人が何が好きか、何を優先したいかということに大きく左右されると思います。ただ、ここに重大な問題が隠れているのです。

好きとか嫌い、良いとか悪い、正しいとか間違っているという基準で判断するのは、その判断基準がその人の中だけで留まっている間は問題ないのですが、実際にはコミュニケーションの相手がいるのですから、現実的には無理な話です。必ず、相手にも影響をあたえます。相手も同じように自分の判断基準があるので、当然、お互いに基準が違ってくると摩擦が生じてしまいます。

そのような事態をできるだけ避けるためには、お互いの基準がどこにあるのかを理解し、単なる個人的価値判断だけで決めることがないようにしなければなりません。つまり、お互いが何を「物差し」として判断しているのかを見極める必要があります。

では、ここで、あなたの「物差し」はどんなものか考えてもらいましょう。以下の質問に答えてください。制限時間は5分です。

エクササイズ　1　（制限時間：5分）

「日本人に生まれてよかった」と感じるのはどんなときですか。

次に、あなたが「日本人が共有している価値観」と思うことを以下に列挙してほしいと思います。よく考えて、日常生活の中で、先に列挙した価値観を表していると思われる例も挙げてください。制限時間はちょっと長めにとって15分にしましょう。

エクササイズ　2　（制限時間：15分）

　異文化コミュニケーションをおこなう場合、以下の点は、念頭に置かなければならないことだと思います。

　① 一つの決まった正解はない

　② 別の言い方をすると、多様な見方、ものの考え方があり、どれも正解になる

つまり、文化によって「物差し」が違うということです。日本の物差しだけに頼っていたのではアメリカ文化を理解できないし、逆に、アメリカの物差しだけでは日本文化は理解できないのです。

英語の表現も学ぼう

価値観　values
忠誠心　loyalty
海外旅行　overseas trip
価値判断　value judgment
判断基準　evaluation criteria
摩擦　friction
もの差し　ruler

Opinion

第6章　間のとり方と話し手の交代

「沈黙は金なり」ということわざがありますが、これは日本人の一般的傾向をかなり正確に言い得ていると思います。もちろん、沈黙は金なりといえども、本当に何も言わなかったらコミュニケーションは成立しません。しかし、コミュニケーションにおける沈黙の程度は、文化によって異なることは確かです。

例えば、アメリカで生活していると、話のテンポが速すぎてイヤになることがよくあります。こちらが何か言おうとすると、その前に相手はもう何か話し始めるのです。コミュニケーションにおける沈黙の時間、つまり、「間」のとり方が日本人とアメリカ人とでは違うのです。「少し黙って人の話を聞け」と思うくらいです。

日本人同士で話をしているときは、どちらか一方が話している時間が比較的長く、結果的に相手が話し始めるまでの時間が長くなります。そして相手が話し始めると同じように聞き手は相手の言うことを聞き、再度聞き手が話し手として話を始めるまでの間隔が長くなります。

ところが、アメリカ人同士だと、その間隔がもっと短く、まるでテニスのラリーをやっているみたいです。相手が話し終わる前に、もう自分の話を始めることも珍しくありません。

日本人同士の会話とアメリカ人同士の会話とでは、「間」のとり方や話し手の交代の仕方が違うわけです。このことは、日本での代表的なトークショーとアメリカのトークショーとを比較するとよくわかります。それぞれ、司会者とゲストとの会話における「間」のとり方・話し手の交代の仕方に違いがあることがはっきりするはずです。

では、このような状況で日本人とアメリカ人が会話をすると、どうなるでしょうか。概して、日本人は聞き役に徹することが多くなり、アメリカ人が一方的に話をするということになります。

アメリカに留学している日本人たちは、アメリカ人はいつもまくしたてるという印象を持っているようです：次から次に話をするし、質問も多い。こちら

が何か言おうとしても、待ってくれない。それでやっと、言いたいことを言うと「君はどう思うか」とか、「なぜだ」と矢継ぎ早にたたみかけてくる。

　日本人の「間」のとり方・話し手の交代のタイミングは、日本文化の一部として学び身につけたものであり、アメリカ社会という異文化の中に身を置いたとき、すぐにアメリカ人の「間」のとり方・話し手交代のタイミングに対応することは簡単ではありません。それに、相手の母語である英語を使ってのコミュニケーションですから、ますます沈黙している間隔が長くなってしまうのも無理はないでしょう。逆に、アメリカ人は「日本人はただ聞いてうなずくだけで、自分の意見を言わない」という印象を強く持ってしまいます。

　こうなると、コミュニケーションはなかなか円滑には進みません。お互いが相手の「間」のとり方や話し手の交代の仕方を理解し、共同作業としてのコミュニケーションをめざす必要があります。

課題：日本の代表的トークショーとアメリカの代表的トークショーをテレビやインターネットを利用して、司会者とゲストとのやりとりをよく観察し、「間」のとり方や、話し手の交代のタイミングについて気づいたこと、その他なんでも比較して感じたことを書いてください。
　　　（参考になると考えられるトークショーとしては、『徹子の部屋』とインターネットで見られる David Letterman の *Late Show* などがあります。）

英語の表現も学ぼう
沈黙は金なり　Silence is golden.
間のとり方・話し手の交代　turn-taking
話し手　speaker
聞き手　listener
トークショー　talk show
円滑に　smoothly

Opinion

第7章 文脈の重要性

　日本では、「以心伝心」ということをよく口にします。全て言葉にしなくてもわかりあえるということですが、それが可能になるには何らかの機能が働いているからです。

　その機能とは「察し」です。お互い「察し」の機能が働いていることを前提に、コミュニケーションを図っているわけです。しかし、無条件にこの機能が働いているわけではありません。それを可能にしているのは、コミュニケーションをおこなう際の「文脈」、あるいは「コンテクスト」が基盤としてあるからです。

　エドワード・ホール（Edward T. Hall）は高コンテクスト・低コンテクストと呼んでいます。コンテクストとは、コミュニケーションがおこなわれている前後の文脈や状況・場面のことです。例えば、以下のようなことがコンテクストを左右する重要な要素となります。

① 会話をおこなっているのは誰か、そしてお互いの関係はどのようなものか。例えば、上司と部下、夫婦、友人同士

② 会話の話題は何か。例えば、仕事上の取引、家族の問題、旅行の計画

③ 話の内容をお互いどの程度共有しているか。例えば、初めて話題にする、何度も話し合いを重ねてきた

④ どのような設定の下に会話がおこなわれているか。例えば、会社の会議、取引先との商談、仲間だけのパーティー

　ホールは日本社会を高コンテクストの社会、そして、アメリカ社会を低コンテクストの社会と位置づけています。つまり、日本では、状況や場面に依存する度合いが高く、はっきりと言葉に表すことを控える傾向が強いというわけです。その一方で、低コンテクストの社会であるアメリカにおいては、状況や場面に頼ることなく、すべて口に出して相手に伝えることを重視しています。

　言葉への依存度が高いアメリカ人と文脈への依存度が高い日本人とがコミュ

ニケーションを図る場合、お互いの理解の仕方にギャップが生じ、双方とも戸惑ってしまうのは当然と言えるでしょう。

　ここでエクササイズをやってみましょう。以下の場面・状況の中であなたは、相手に対してどのように対応しますか。

エクササイズ　1　（制限時間：5分）

　友達に映画に行こうと誘われました。でも、デートがあるので断らなければなりません。何と言って断りますか。

エクササイズ　2　（制限時間：5分）

　会社の上司に、今夜大事な客の接待があるのでいっしょに来るように言われました。でも、今夜は結婚記念日で早く家に帰ることになっています。何と言って断りますか。

エクササイズ　3　（制限時間：5分）

　誕生日のプレゼントをもらってから一週間後にプレゼントしてくれた友達に会いました。その際、何と言ってお礼を言いますか。

エクササイズ 4 （制限時間：10分）

　エクササイズ1、エクササイズ2、エクササイズ3とそれぞれ同じ状況で、相手がアメリカ人だったらあなたの断り方、あるいはお礼の言い方は同じだと思いますか、それとも、違うと思いますか。それぞれのケースについてあなたの考えを書いてください。

エクササイズ1の場合

エクササイズ2の場合

エクササイズ3の場合

英語の表現も学ぼう

文脈　context
察し　guess; speculation
状況・場面　situation
高コンテクスト　high context
低コンテクスト　low context
依存度　degree of dependence

Opinion

第8章　集団主義と個人主義

　日米を比較する時、「日本は集団主義の社会でアメリカは個人主義の社会である」というようによく言われます。この見方もステレオタイプ化した見方ですが、日本人・アメリカ人の一般的傾向をそれぞれ把握するためには必要な見方だと思います。

　個々人を考えると、日本人の中にもアメリカ的個人主義の傾向が強い人もいますし、アメリカ人の中にも、日本人的集団主義に近い考え方の人もいます。ですが、やはり全体を観察すると、日本は集団主義の社会でアメリカは個人主義の社会であると言えるでしょう。

　あなた自身に考えてもらう時間です。以下に、「日本は集団主義の社会だなあ」とみなさんが感じた身のまわりの出来事をいくつでもいいですから書いてください。

エクササイズ　1　（制限時間：10分）

　集団主義の根底には「一律主義」という考え方もあると思います。そこに求められるものは、みんなが同じことをするということです。同じ格好をしたり、みんなに同調して自己主張を抑えたり、みなさんも経験済みではありませんか。

　「個性を大事にしたい」と思っても、あまり目立たないように他の人と同じような服を着てしまう。なかには、その事を当たり前だと思って疑問を抱かな

い人たちもいるでしょう。あなたの周りに個性的なファッションで身を包んでいる人が、どのくらいいますか。あなた自身はどうでしょうか。

　就職活動に関しても似た傾向が見受けられます。ある企業が次年度の入社組を対象に「日本特有のシューカツというルールを変えます」と宣言して、普段通りの服装を呼びかけた、という記事がある新聞に載っていました。しかし、結果は、会社説明会に集まった大学生たちはスーツ姿が目立ったそうです。日本社会では、なかなか個性を出すというのは難しいということを表す一例だと思います。

　スーツでも個性は出せるのかもしれませんが、とにかく、大学生たちが「就活に同じようなスーツを着る」ということ自体が、集団主義的考え方からきていると思うのです。アメリカでは、就活のためにみんなが似たようなスーツを着るなんてことはあり得ません。もちろん、アメリカでは大学卒業予定者がいっせいに就職活動をすることはシステムとして存在しません。

　ところで、あなただったら、「普段通りの服装で」と言われた場合、どのような格好で就活に臨むと思いますか。以下に、どのような点に注意して、どのような服装にするか書いてください。絵を描いてもらっても結構です。

エクササイズ　2　（制限時間：10分）

　次にアメリカ社会について考えてみましょう。みなさんの中にも「アメリカは個人主義の社会だ」と思っている人が多くいると思いますが、もし、そうだとしたら、何をもってそのように思うのか、理由を以下に記してください。「いや、私は、アメリカは個人主義の社会とは思わない」と思う場合は、そう

思う理由を書いてください。制限時間は 10 分です。

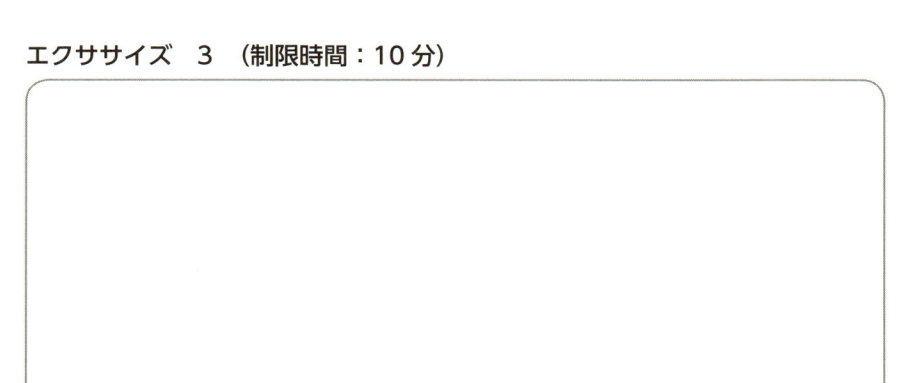

エクササイズ　3　（制限時間：10 分）

　前述しましたが、「集団主義」の背後には「みんな同じように」という考え方があると思います。しかし、どのような考え方でもそれぞれプラス・マイナスがあるものです。「集団主義」も例外ではありません。プラスの面は、できるだけ平等にして不平・不満を極力小さくすることができるということでしょう。マイナスの面は、みんなの考えをまとめることに時間がかかりすぎて、決断するのが遅くなるという点が挙げられると思います。

　それに、できる限りみんなを満足させることが大切ですから、共有している部分を一つにまとめて最大限に活かす工夫が求められます。しかし、そこには落とし穴もあります。その身近な一例を紹介しましょう。

　筆者の知人に日本在住のアメリカ人女性がいます。3 月 11 日の東日本大震災で被災した在日外国人のために、直ちに物資を届けたい旨をある市の市役所に申し出て、どのようにすれば早く物資を届ける事ができるか尋ねたのです。その時の返事は、「特定の一部の人だけのために速く物資を届けることはできない」というものだったと言うのです。そこで彼女が思ったことは、「何かやりたいと思ったら自分でやる以外にない」ということだったそうです。物資は何とかして自分で届ける、と彼女は決めたのですが、この身近な話にも「集団主義」のマイナスの面が出ているように思えます。

　「助けるのなら、みんな平等に助けなければならない」ということなのでしょうが、この知人に言わせると「みんな助けるように努力しないといけない

ことはよくわかっている。でも、目の前にいる人たちを助けることができるのであれば、その人たちをまず助ければよいではないか。みんなを同じように助けることができるようになるまで待っていたら、結果的には誰も助けることができなくなってしまう」というわけです。

　この話には、日本人の考え方とアメリカ人の考え方の違いが投影されていると思うのですが、あなたはどう思いますか。以下に率直な意見を述べてください。

エクササイズ　4　（制限時間：5分）

　個人主義社会と呼ばれるアメリカでは、自分というものをしっかりと持ち、主張すべきことをきちんと主張することを求められます。もちろん、ただ自分の好き勝手なことを言ってよいという意味ではありません。相手の主張もよく聞き、それに対して自分の考えを論理的に相手に伝えることが重要です。

　賛成であれば賛成と表明し、その理由も明確にすることが大事です。反対の場合も同様に、反対であることをその理由と共に述べることを求められます。たとえ、多数意見にそぐわないとしても、自分の考えを主張することは、アメリカ社会では生活していく上で大事なことなのです。

　一方、日本社会においては「自己主張」をすることは極めて難しいと思います。多くの場合、自己主張は、「我が強い」とか「協調性がない」と思われがちです。大多数が賛成もしくは反対の意見を唱えているときに、自分だけ大多数の意見に合わないことを口にするには、かなりの勇気が必要です。あなたもそんな経験をこれまでに幾度となくしたのではありませんか。そして、その経

験は子供のころからあったのではないでしょうか。

　では、これまでそのような経験があったかどうか、あなたにも思い出してもらいましょう。以下に、どのような出来事があったか、書いてください。

エクササイズ　5　（制限時間：5分）

　「集団主義と個人主義」に関してもう一つ質問します。あなた自身の考えを述べてください。

エクササイズ　6　（制限時間：5分）

質問：あなたにとって、集団主義的社会と個人主義的社会とでは、どちらが生活しやすいと思いますか。理由も含めて記述してください。

英語の表現も学ぼう

集団主義　collectivism
個人主義　individualism
一律主義　uniformity
自己主張　self-assertion
我が強い　selfish
協調性　　cooperativeness
賛成する　agree
反対する　disagree

Opinion

第9章　異文化に慣れる

最初に質問をしたいと思います。あなただったらどうするか、あるいはどう思うか記述してください。

エクササイズ　1　（制限時間：5分）

> 街中で道に迷っていると思われる外国人を見かけました。あなたは、その時どうしますか。

エクササイズ　2　（制限時間：5分）

> 母親が5歳くらいの娘に、外国人女性を指さしながら「ほら、外人さんよ。大きいね。」と言っているのを電車の中で見かけました。あなたは、この母親の言動についてどう思いますか。

いろいろな意見・感想があると思います。もちろん、どれが正解だとか、どれが良い意見だとかというものはありません。あなたが書いたことがあなた自身の答であるということがポイントです。

「言葉が通じないし」とか「だれか他の人が助けてあげるだろう」とか「自分たちでなんとかするだろう」とか、さまざまな意見が出ているとは思います

が、根底にあるのは、助けてあげたいとは思うけど、「あの外人さんがどのような言動に出るかわからない」からちょっと不安だ、ということではないでしょうか。

どうやって対応すればよいかわからないということだと思います。相手が日本人だったらどのように対応すればよいかわかっています。でも、ことばが通じないと思ったり、文化的背景が異なる人との接し方は、慣れていないから不安に感じてしまうのではありませんか。

異文化コミュニケーションのためには、まず、異文化に慣れる訓練が求められます。では、一般的な質問をします。あなた自身の答えを以下に書いてください。

エクササイズ　3　（制限時間：5分）

> 異文化に慣れるために、どのような方法が考えられますか。思いつくままに記述してください。例：海外旅行をする

異文化に慣れる方法にはさまざまあります。しかし、すぐにできるものではありません。異文化に興味を持ち、いろいろな価値観を認める柔軟さを養い、労力を惜しまず世界に出ていく過程を経て、慣れることができるのです。

インターネットの普及でコミュニケーション方法も多様になってきました。おかげで異文化に触れる機会も増えました。が、大切なことは本物の異文化に直接触れ、文化や言語を異にする人々とコミュニケーションを図ることです。

インド、ベトナム、中国、韓国などアジア諸国の大学生たちの英語圏への留学希望者が増加している一方で、日本の大学生たちの留学希望者の数は減少しているのが現状です。この傾向が続けば、これからやって来るであろう多文化

共生の時代に対応できなくなります。日本の大学生には、もっと海外へ出て異文化に触れてほしいと思います。慣れれば異文化を怖がることはなくなります。

　ここで質問です。

① 日本人大学生の海外留学希望者が減少している理由としてどのようなことが考えられますか。
② あなたは海外留学したいですか。「はい」「いいえ」いずれにしても理由を書いてください。

エクササイズ　4　（制限時間：10分）

身近な例を一つ紹介します。あなた自身の考えを聞かせてください。

エクササイズ　5　（制限時間：10分）

　日本の親はあまり子どもをしかりません。電車の中、ショッピングセンター、レストランなどで、子どもがふざけたり、大声を出して走りまわってもしかりません。この光景は、日本人家族がアメリカを旅行しているときにもよく見かけます。日本でやっていることをそのままアメリカに来たときでもやっているのです。同じ状況では、アメリカの親はその場で、バシッと子どもをしかります。この違いについてどう考えますか。

　あなたが親だったら、どのように対処するでしょうか。子どもをしかるのは難しいですか。アメリカの親は厳しすぎると思いますか。子どものしつけに対する考え方も文化によって違いますね。これは、氷山の海面下に隠れている部分ですから、なかなか認識しづらいものです。

英語の表現も学ぼう
異文化に慣れる　adapt (oneself) to different cultures
対応する　deal with
言動　(one's) speech and behavior
触れる・接する　contact
認識しづらい　difficult to recognize

Opinion

第10章　差異を楽しむ

　カルチャーショックは、これまで当たりまえと思っていたこととは違うものに遭遇したときにうける場合がほとんどですが、そのカルチャーショックも慣れるにつれてショックでなくなってきます。同じようなことを二度、三度と経験すれば、ショックは感じなくなるでしょう。しかし、そのままで済ましてしまえば、異文化コミュニケーションはそこで終ってしまいます。どのようにして異文化とつきあっていくかを学ぶためにはできるだけ異文化に接し、さまざまなカルチャーショックを経験しながら適応していくことが大切です。そうしたことを繰り返しながら差異を楽しむことができるようになるのです。

　では、差異を楽しむことができるようになるための心構えについて考えてみましょう。概して、私たちは、慣れていないもの、違っているものを怖がる傾向があります。こうした負の感情をいかに克服するかが重要なポイントになると思います。負の感情が強すぎると、自分たちの方が勝っていると思い込むようになります。

　自分が属する文化が一番優れていて、他の文化はそれより劣っていると考えてしまうのです。そして、他文化に自分の文化より優れていると思われることがあると、理由もなく忌み嫌ったり、拒否しようとするのです。このような考え方を「自文化中心主義」あるいは「エスノセントリズム」と呼んでいます。自文化中心主義に凝り固まってしまっては、差異を楽しむことはできません。

　ここであなた自身に考えてもらいましょう。「日本文化」が優れていると思われる点を列挙してください。

エクササイズ　1　（制限時間：5分）

次に、「アメリカ文化」が優れていると思われる点を列挙してください。

エクササイズ　2　（制限時間：5分）

「日本文化とアメリカ文化とどちらが優れていると思いますか」この質問は両方の文化を比較して優劣をつけるように促しているのですが、実は、これは差異を楽しむことを妨げてしまう行為なのです。

差異を楽しむための心構えのもう一つ大事な点は、「文化間にあるのは優劣ではなく、違いがある」ということを常に念頭に置くことです。つまり、どの文化もそれぞれに特徴があって、面白いものであり、対等に扱われるべきであるという考え方です。この考え方を「文化相対主義」と呼びます。

では、以下にあなたが知っている文化的差異を列挙してもらいましょう。例えば、日本文化とアメリカ文化の差異、日本文化と韓国文化の差異など、二つの文化の差異について記述してください。

エクササイズ　3　（制限時間：10分）

第10章　差異を楽しむ

次に、エクササイズ3で列挙した差異のなかで、どうしても楽しめそうにないと思われるものを選んでください。その上で、なぜ楽しめそうにないか、理由を書いてください。

エクササイズ　4　（制限時間：15分）

　もし、どうしても楽しめそうにない、受け入れられそうにない、と思ったことがあったとしても、それは当然のことです。差異を楽しむ、とは言っても、全てを無理に受け入れなければならないということではありません。大切なのは、楽しめそうもない差異を「ああ、こんな文化もあるんだなあ」とその存在をありのままに認識することです。

　差異を素直に認めることは簡単なことではありません。それは、「自分の欲求」と「異文化からの要求」とのぶつかり合いだからです。いかにそのバランスを保ちながらコミュニケーションを進めていくことができるかを私たちは考える必要があります。

英語の表現も学ぼう

差異　difference
自文化中心主義　ethnocentrism
文化相対主義　cultural relativism
拒否する　refuse
受け入れる　accept

Opinion

第11章　外国語の学習

　コミュニケーションは言葉だけでおこなわれるものではありません。顔の表情、ジェスチャー、身体の動き、空間のとり方、間のとり方など、非言語的手段も必要です。しかし、基本は「言葉」です。言葉がお互いに通じなければ、コミュニケーションは円滑には進みません。

　異文化コミュニケーションを考える場合、最大の言語的手段は英語です。英語が世界のコミュニケーション手段になったのにはさまざまな要因がありますが、その是非は別として、英語が世界で使用されている言語の一つであることは事実です。

　日本国内においても、英語を研究開発部門の公用語としたり、経営会議を英語でおこなうなどの企業も出てきました。なかには社内の公用語を英語と決めた企業もあります。また、若手社員全員を数箇月間海外研修に派遣する企業もあるようです。外国語教育の分野においては、文部科学省も「英語で活躍できる日本人の育成」を目標に掲げています。これは、「学ぶ英語」から「使える英語」への転換を示唆するものです。

　みなさんは、少なくとも中学・高校で英語を学習したはずです。その結果をどのように判断しますか。以下に、例えば、レストランで問題なく注文ができるなど、英語を使って何ができるか具体的に書いてください。

エクササイズ　1　（制限時間：10分）

次に、あなたが考える中学・高校時代における英語教育の問題点を具体的に書いてください。

エクササイズ　2　（制限時間：10分）

　みなさんの大多数が自己の英語力に満足してないと思います。なぜ、期待はずれの結果に終わってしまったのでしょうか。それは、「学ぶ英語」と「使える英語」に大きな差があるからです。

　英語教育の分野では、EFL と ESL とを区別しています。EFL は English as a Foreign Language（外国語としての英語）を意味し、ESL は English as a Second Language（第二言語としての英語）を意味します。どこが違うのでしょうか。

　簡単に言うと、EFL は学校において科目の一つとして学習するものです。日本では、英語はまさに科目としてカリキュラムの中に取り入れられています。基本的に、学校の授業の中でのみ英語を学習し、それ以外には英語を使うことがありません。

　ESL は英語を教育言語として使用します。つまり、学校での教育は英語でおこなわれるのです。そして、そこにとどまらず、経済活動や政治活動、日常生活の言語手段としても広範囲に使用されています。シンガポールやインドなどはそのよい例です。

　シンガポールは国の政策において、英語を中国語・マレー語・タミル語とと

第11章　外国語の学習

もに、公用語として定めています。日本も同じようにすべきかどうかは意見が分かれるところですが、確実に言えることは、EFL と ESL は英語使用の程度に歴然とした違いがあるということです。

　これは、みなさんが英語を使って異文化圏の人々とコミュニケーションを図りたいと思うのであれば、本気で英語学習に取り組まなければならないということです。もちろん、コミュニケーションをおこなうために英語能力が向上するまで待つことなんてできません。大事なのは、不十分ながらでも英語を使うようにすること、そして、使うことで英語能力を上げていくことです。

　試験のための英語学習だけでは十分ではありません。その最大の理由は、試験のための英語学習は、限られた範囲の中で必ず決まった答えを探し出すことを求めるからです。そこには想像力や創造力が入り込む余地がありません。しかし、実際のコミュニケーションは、臨機応変に対処することを要求します。決められた答えを覚えるだけでは役に立ちません。

　ここで、「英語リスニング」の問題から例を一つあげてみましょう。対話を聞いて、最後の発言に対する相手の応答として最も適切なものを、下の四つの選択肢の中から選ぶものです。

Question
M：How about having some chocolate cake?
W：Well, I really have been trying to cut down.
M：Come on. One piece won't hurt.

問
1. No thanks. Maybe later.
2. No thanks. One is enough.
3. Thanks. I hope he enjoys it.
4. Thanks. I'll cut it down.

　答は 1. の No thanks. Maybe later. を選択すればよいのですが、実際のコミュニケーションにおいては、他にも答え方はあります。例えば、Well, why not?　One bite doesn't hurt me. と言ってもまったく問題ありません。むしろ、会話としてはこのほうが面白い場合だってあるわけです。これこそ「生きた英語」を使うということじゃないでしょうか。そのようになるためには、

やはり異文化の中で英語を使う必要があります。外国語を身につけるための楽な方法はありません。失敗と成功を繰り返しながら自分が努力することで身につくものなのです。

では、以下に現在なぜ英語を学習しているのか、英語をどのくらい、どのように学習しているか記してください。例えば、海外旅行に備えてテレビの英語プログラムを利用して、毎日3時間勉強しているなど、具体的に書いてください。中国語や韓国語など、英語以外の外国語を学習している場合は、そのことについて書いてください。外国語の学習をまったくやっていない場合は、その理由を書いてください。

エクササイズ　3　（制限時間：10分）

　言語も文化の一部です。異文化を理解するためには、外国語の学習は不可欠です。文化的差異についての知識を持っているだけでは、コミュニケーションはできません。このあと、聞く力、伝える力、交渉する力についても考えていきますが、すべて言語使用が前提となっています。相手の言っていることをどのように聞いて理解するか、そして、同時に自己の考えをどのように相手に伝えるかは、言語を用いてこそできることです。さらに、コミュニケーションは相手と自己との折り合いをどのようにつけるかがポイントですから、交渉する力も大切です。

　外へ出て異文化に触れ、できるだけ多くの人たちと交渉し、ときには競争をしないと新しい発想は生まれません。同じ文化や言語背景をもった人たちの間のコミュニケーションを「同文化コミュニケーション」と言いますが、それだ

けでは世界に通用する人材を育成することはできないでしょう。世界で活躍する日本人になるためには、異文化コミュニケーション・スキルがどうしても必要になります。その身につけなければならないスキルの一つがコミュニケーション手段としての外国語ということです。

英語の表現も学ぼう

英語力 English proficiency
外国語としての英語　English as a Foreign Language
第二言語としての英語　English as a Second Language
公用語　official language
同文化コミュニケーション　intra-communication
コミュニケーション手段　means for communication

Opinion

第12章　聞く力と伝える力

　言語は「記号」であるということを覚えておく必要があります。そして、その記号が指し示す「実物」と一致した時に「意味」づけができるのです。

　春の七草の中に、「スズナ」「スズシロ」というのがあります。みなさんは、それぞれ、何を指し示しているかわかりますか。わからない人は、「スズナ」「スズシロ」という記号とその記号が指し示す実物とが結びつかないからです。その人にとっては、「スズナ」「スズシロ」は意味をなさない暗号でしかありません。

　ちなみに、「スズナ」は「かぶ」、「スズシロ」は「大根」です。しかし、これでもまだわかったとは言えません。春の七草としての「かぶ」「大根」と日常食する「かぶ」「大根」は、まったく同じでしょうか。少なくとも大きさが違いますね。つまり、思い浮かべるものが違うはずです。通常の大きさの「かぶ」「大根」をそのまま春の七草として食することはしませんね。春の七草という前提を理解して初めて「スズナ」「スズシロ」という記号が実際に表すものを認識できるわけです。

　コミュニケーションにおいて、私たちは言葉に込められたメッセージを解釈しようとします。しかし、文化的背景が違う場合はズレが生じます。春の七草の例のように、同文化コミュニケーションでもズレが生じるのですから、異文化コミュニケーションともなれば、そのズレがさらに大きくなることは当然と言ってよいでしょう。

　私たちは自分が属する文化的規範や生活体験に基づいて相手から送られてくるメッセージを理解しようとします。相手も同様に私たちが送るメッセージを自分の帰属する文化の規範や生活体験を基に解釈しようとするので、そこにズレが生じた場合、勘違いや誤解が生じます。

　異文化コミュニケーションのポイントは、相手から送られてきたメッセージを、相手が伝えようとした意味に最も近い意味で受け取ることができるかどうかです。メッセージが話し手の意図どおりに完全に伝わることはないということ、つまり、お互いが期待している程にはわかりあえていない、ということを忘れないようにすることが重要です。

以下に、同文化コミュニケーションでも、異文化コミュニケーションでも、あなたが体験したコミュニケーション上の勘違いや誤解をいくつか列挙してください。その理由も忘れずに書いてください。

エクササイズ　1　（制限時間：10分）

　誤解の理由はさまざまでしょうが、誤解を減らすためには、まず、「相手の言うことをよく聞いて、真意をしっかりと確認すること」が重要です。聞き上手と言われる人は、じっくりと相手のことを聞いて、わからないことがあれば、再度説明を求めたり、質問をするなどして理解に努めます。お互いよく知らない人同士がコミュニケーションする場合は、特に大事なポイントになります。

　通常、私たちは相手が言っていることを問題なく理解している、という前提のもとにコミュニケーションをおこないます。私たちが使っている言葉は相手に通じていると思っています。でも、そうとは限りません。異文化コミュニケーションの場合、母語と外国語との違いがありますから、単語一つとっても問題が起こります。

　以下に、いくつかの英語表現を列挙します。それぞれどういう意味か、どのようなことを表現しているのか、意味的に一番近い日本語を考えてください。

エクササイズ　2　（制限時間：10分）

```
morning service

customer service

rice

wear
```

　あなたの解釈はどうでしょう。morning service は今では少なくなってきた喫茶店の朝食サービスで、コーヒー、トースト、サラダがセットになったものが典型的なものですが、英語は違います。英語では、教会の朝の礼拝のことを意味します。

　customer service は日本語でいうアフター・サービスのことです。家電製品など購入したとき、何か問題があれば、販売店が面倒を見るというようなときに使いますが、英語では after service とは言いません。

　rice はどうでしょう。日本語の「米」だけに対応してるわけではありません。「ご飯」「稲」にも対応している単語です。

　wear は単に「着る」という意味ではありません。もっと広範囲に日本語に対応しています。帽子を「かぶる」、靴を「履く」、ネクタイを「する」などの動詞として使います。

　このように、単語レベルでも誤解の原因はあるのですから、もっと複雑な表現を必要とする実際のコミュニケーションともなれば、理解を妨げてしまう要因がさらに多く存在するということは容易に推察できると思います。「聞く力」がいかに大切かわかってもらえたでしょうか。

次に、「伝える力」について考えてみましょう。相手のことを理解するだけではコミュニケーションは成立しません。自分の考えや感情を相手に伝える必要があります。ここで求められるのは「表現する」技術です。

　あなたは相手に自分の考えを伝えることは苦手ですか。はっきりと自分の感情を伝えるようにしていますか。以下に、あなた自身の「伝える力」を自己分析してください。得意な点、苦手な点など理由も含めて分析してください。

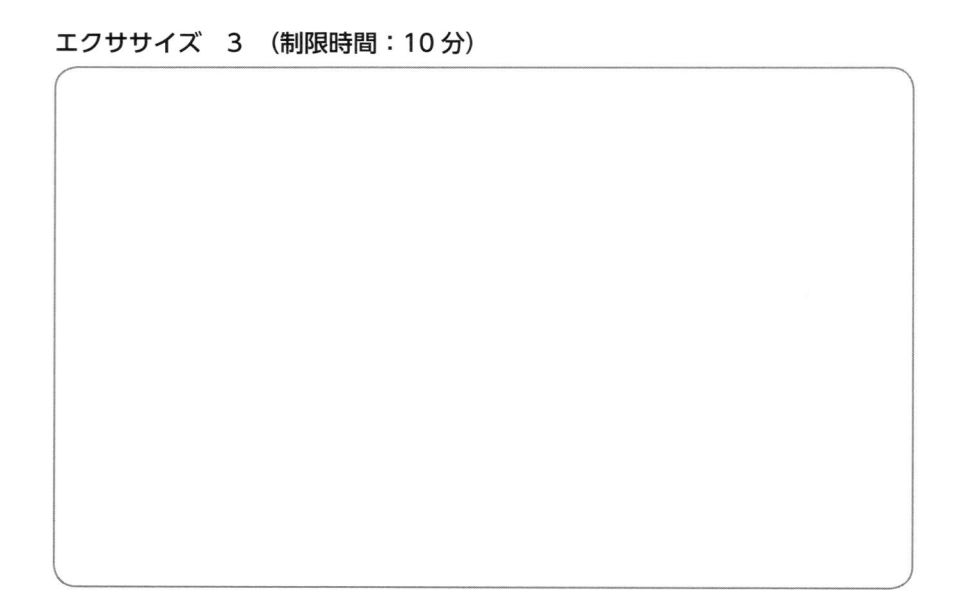

エクササイズ　3　（制限時間：10分）

　「伝える力」もトレーニングが必要です。相手に上手に伝えるという技術は生まれもったものではありません。生活体験を通して、共同体の中で、学習していくものなのです。

　例えば、日本人に関してアメリカ人は次のような指摘をすることがよくあります。

　　　① 何か言われたとき、つくり笑いをする。
　　　② 困ったときでも、にっこりする。
　　　③ 感情を表に出さない。
　　　④ 人に文句をあまり言わない。

⑤　自分の意見・考え方をはっきりと主張しない。

　こうした日本人の傾向は、みなさんが日本文化の中で生活することで身につけていったものです。逆に、アメリカ人に対して、日本人はどのような印象をもっているのでしょうか。

①　はっきりと自己主張をする。
②　感情を顔に表す。
③　相手に対して文句や苦情をしっかりと言う。
④　ストレートに物を言う。

　日本人とアメリカ人の伝え方にはかなり違いがありますね。どちらの伝え方が世界においてはより効果的だと思いますか。国際的コミュニケーションの場においては、積極的に自己主張をする必要性があることははっきりしています。ですから、自分のことをよく知ってほしい、自分の意見や考え方を聞いてほしいと思ったら、アメリカ式の伝え方も上手に使いこなせるようになったほうがみなさんにとっては有利だということです。

　「伝える力」を磨くためには、大きなエネルギーが必要です。意識したトレーニングをしながら、文化的・言語的な背景が異なる人々と積極的に関わっていくようにしなければなりません。

　「聞く力」「伝える力」をしっかりと磨いてこそ、世界を相手に通用するコミュニケーション技術を自分のものにすることができるのです。

英語の表現も学ぼう

聞く力　ability to listen
伝える力　ability to convey (a message)
記号　symbol
文化的背景　cultural background
勘違い　mistake
誤解　misunderstanding
聞き上手　a good listener
印象　impression

Opinion

第13章　交渉する力

　「聞く力」「伝える力」を鍛えるだけでは異文化コミュニケーションは十分にはできません。「交渉する力」も必要です。これは、「やりとり」と「かけひき」の力です。

　交渉するためには、相手との関係を築くことが大切です。しかし、そう簡単なことではありません。人間関係はゼロから始めて、失敗をしながら少しずつ築かれるものです。そして、築いた関係の維持に努めると同時に、発展させることもしなければなりません。

　交渉と言うとちょっと大げさに聞こえるかもしれませんが、昼食を友達とすることになったけれど、どうしても自分が食べたいものがある場合、その食べたいものを提供してくれるレストランへ、友達も賛成してついて来てくれるようにするのも交渉ですね。友達の食べたいもの、行きたいレストランについてよく聞き、もし自分と違う考えであれば、自分は何を食べたくてどこへ行きたいかを、しっかり相手に伝えることが大事です。それでも、なかなか意見が合わない場合は、自分に有利になるように相手と交渉しなければなりません。

　「まかせるよ」とか言って、単に相手に合わせたのでは、始めから交渉をあきらめていることになります。「本当はカレーを食べたかったのに」と思いながら、相手が選んだものを食べるとしたら、楽しくないでしょう。

　もし、その相手がアメリカ人で「何を食べたい」と聞かれたときに、「まかせるよ」というのは答にはなりません。「自分で食べたいものも決められないのか」と思われてしまいます。まだ、食事の話ですから、大した問題にはなりませんが、これが早急に何かを決めなければならない仕事上の問題であれば、大変なことになります。「まかせるよ」などと言ったら相手の言いなりになってしまいます。「自分の考えも持たないのか」と信頼を失ってしまうことだって十分あり得ます。それでは、コミュニケーションが上手くいったとは言えません。相手のことをよく聞き、自分の考えを伝え、さらに交渉を続ける技術がポイントになります。

　それから、話の展開方法も重要なことです。ロバート・カプラン（Robert B. Kaplan）はアメリカで授業を担当しているとき、留学生たちが書いた英語

の作文の展開の仕方に留学生たちの母語が影響しているということに注目しました。この研究は三十年以上も前のものですが、カプランが指摘した展開の仕方の違いは現在でも参考になります。

　カプランは、「日本人学生の書く文章は、途中まで読んでも何を言いたいのかはっきりしない。文章の最後の方になって、やっとおぼろげに何を言いたいのかがわかってくる」と結論づけています。一方、アメリカ人学生が書く文章は、「結論を明確にし、結論にいたるまでの経緯を論理的に述べる」と指摘しています。

　個人としてのあなたはどうでしょうか。結論をはっきりさせるまで、ぐるぐる回り道をしながら進む「らせん的」な傾向が強いですか、それとも、ズバッと結論を最初に述べる「直線的」な傾向が強いですか。以下に、どちらのタイプか一例を挙げて説明してください。

エクササイズ　1　（制限時間：10分）

　らせん的展開のタイプであれば、直線的展開の仕方も身につける必要があります。直線的展開の方が効果的な場合もあるからです。逆に、直線的展開タイプの人は、らせん的展開の方法も学習することが大事です。アジアの人々とコミュニケーションする場合に必要になることがあるからです。どちらも使えるようになるのがベストということですね。そうすることで、より多くの人々と出会う機会が増えるし、新しい考え方を取り入れていく力が何倍にもなるからです。

もう一つ質問します。あなたの「交渉する力」をあなた自身はどのように評価しますか。十分か不十分か、十分であればなぜそう思うのか、不十分と思うのであれば、どうすれば交渉する力がつくようになると思いますか。自分の考えを自由に書き出してください。

エクササイズ　2　（制限時間：10分）

　では、次の場合、あなたは隣の部屋に住んでいるアメリカ人女子留学生にどのような話の展開をしながら、問題解決に努めますか。対処法を書いてください。

エクササイズ　3　（制限時間：10分）

　アメリカ人女子留学生が毎晩遅くまで音楽を聴いていて、その音があなたの部屋に響いてうるさくてたまりません。あなたはどうしますか。この留学生、かなり日本語はわかります。彼女に対して「何と言うか」も書いてください。

第13章　交渉する力

英語の表現も学ぼう

交渉する力　ability to negotiate
人間関係　human relationship
らせん的　spiral
直線的　linear

Opinion

第14章 異文化コミュニケーション・スキル

　異文化コミュニケーションの際、念頭に置くべき重要な点をここで整理しておきましょう。

　まず、みなさんは日本文化という「フィルター」によって覆われているということです。このフィルターはなかなか目に見えません。普段はフィルターによって覆われていることさえ忘れてしまっています。

　同様に、相手も彼ら自身の文化というフィルターによって包まれています。ですから、異文化コミュニケーションの場においては、お互いが自分のフィルターをとおしてお互いを見ながらコミュニケーションをしているのだ、ということをしっかり認識する必要があります。

　お互いのフィルターをとおして見ていることで、どうしてもコミュニケーションにズレが生じます。このズレに気づき、修正できるかどうかが、コミュニケーションの成否を分けることになります。

　ズレを認識し、修正をするには何が必要になるでしょうか。それは、相手の文化、つまり、他文化についての正確な知識、それから「聞く力」「伝える力」「交渉する力」ですね。もちろん、外国語力の大切さも覚えていますね。細かく言えば、まだまだありますが、あなたが考える重要な要素として他に何がありますか。以下に、箇条書きしてください。

エクササイズ　1　（制限時間：10分）

異文化コミュニケーションの専門家たちが提案している、ズレの修正に要する注意点の主なものをまとめましたので、あなたがエクササイズ１で書いた点と比較してみてください。表現の仕方は違っても、内容的には同様のことをあなたも書き出しているかもしれません。

相互尊重　　　：自文化を大切にすると同時に他文化も尊重する。これは、相手にいつも賛成し同調するということではありません。相手の態度や姿勢を考慮し、話し合いを続けるためのチャンネルをいつも開いておくということです。

判断保留　　　：相手に対し、すぐに価値判断を下すようなことをしない。また、判断基準として「好き嫌い」や「善悪」を用いないようにすることが大事です。

相手への共感：相手の立場から考える努力をすること。これは、無理に相手に同意するということではありません。「相手はなぜこのような言動に走ったのかな」と考える余裕を持つということです。

前向きな思考：コミュニケーション上の失敗は避けることはできません。失敗するのがあたりまえだと思ってください。そして、失敗をしたら、落ち込むのではなく、どこに原因があったのか冷静に考えることです。

複眼的な見方：正解は一つではないということを忘れてはいけません。これは、オープンな見方につながります。そして、それが新しい考え方を産み出す原動力になるのです。

常識にとらわれない：「常識を打ち破る」と言うと過激に聞こえるかもしれませんが、決してそのようなことはありません。「これはこんなものなんだ」という考えにとらわれすぎていると、その常識に安心しきってしまい、何も斬新なものは生まれてきません。常識の枠外に出ることも必要です。

好奇心　　　：いろいろな事に興味を持つことは大事です。多くの場合、私たちは興味のないことには気づきません。ですから、相手に興味がない場合はその存在すら認識しないことがあります。でも、

もし興味があれば、相手のことを知りたくなるはずです。まず相手に興味をもつことが大切です。

　好奇心は「気づき」や「興味」の促進に大きな働きをしていると思います。あなたは、どのようなこと、あるいはどのような人に興味を持っていますか。以下に、何でも結構です、あなたの好奇心をくすぐるようなこと、あなたをワクワクさせるようなことを、その理由といっしょに全部書き出してください。

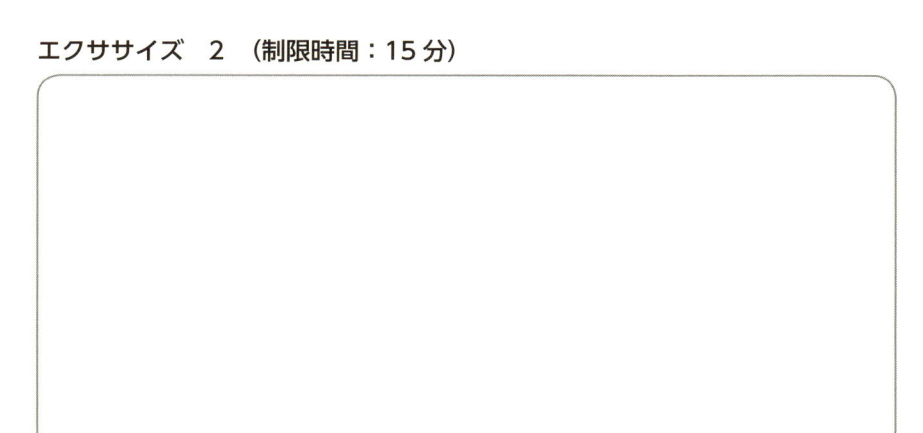

エクササイズ　2　（制限時間：15 分）

　私自身は海外旅行が好きですし、まだ行ったことがない国がたくさんあるので、旅行のパンフレットを見ながら、「ここへ行ってみたいなあ」とか「絶対、この料理は食べたい」などと、勝手に空想を膨らましています。

　最近は、「駅弁」に興味があります。私が子供の頃、実家のある宮崎市から父の従兄が住んでいた熊本の八代まで、よく連れられて行ったときのことを懐かしく思い出します。汽車（当時は汽車と言っていました）の中で買ってもらった駅弁や、四角い土瓶に入ったお茶のことが記憶によみがえったからです。その後、たまたまある新聞を読んでいたら、駅弁に関する記事が載っていたのです。早速、記事に目をとおしました。

　記事を読んで新しい知識を得ることができました。その知識とは以下のようなものです。

　　駅弁には「普通弁当」と「特殊弁当」と呼ばれるものがある。普通弁

当とは、いわゆる「幕の内弁当」のことで、焼き魚、かまぼこ、卵焼きが三種の神器で、幕の内弁当には欠かせないものであること。特殊弁当とは、鯛飯、釜めしのように、食材が特化された弁当、あるいは凝った容器が使われているということ。

　これ以上、駅弁について調べることはしていませんが、テレビ番組のタイトルに「駅弁」という文字が入っていると、すぐ気づくようになりました。これは、駅弁に対する好奇心、興味があってこそだと思います。

　みなさんには異文化コミュニケーションに興味を持ってもらいたくて、この本を書いたのですが、そのきっかけとして、海外旅行やホームステイなどを含めて、日本の外へも目を向けてもらえるように願っています。

英語の表現も学ぼう

フィルター　filter
相互尊重　mutual respect
判断保留　reservation of judgment
相手への共感　sympathy
常識　common sense
駅弁　a box lunch sold at a railroad station

Opinion

第15章　静かな教室と白熱する教室

　日本の大学が「ディズニーランド」とか「レジャーランド」と呼ばれるようになってかなりの年数が経過しています。一度入学すれば、よほどのことがない限り卒業できるし、学生は学業よりもアルバイトや部活、遊びで忙しくしているというのですが、その状況は現在でも変らない気がします。

　いろいろな調査では、日本では、大学生より、中学生・高校生の方がずっと勉強しているという結果が出ています。これは、大学入試制度に問題があるということも言われ続けています。大学に入学したとたんに、過酷な受験勉強から解放されて、勉強意欲を失ってしまうというのですが、あなたの意見はどうですか。以下に、なぜ多くの日本人大学生は勉強しないのか、その原因を書いてください。

エクササイズ　1　（制限時間：10分）

　「授業中、一部の学生は携帯を見ていたり、周りの迷惑など考えずに私語をしたり、女子学生の中には化粧までしたり、と授業に集中していない」、「教科書は忘れる、ノートはとらない、文章は書けない」と嘆く教師もたくさんいます。これでは授業は成立しないですね。これは、学生であるみなさんの責任でしょうか。それとも教師の責任でしょうか。教師の授業内容や指導法がつまらないからでしょうか。いずれにしても、活発な授業は期待できません。あなたは、大学の授業をもっと活発なものにするにはどうしたらよいと思いますか。

考えを以下に述べてください。

エクササイズ　2　（制限時間：10分）

```
┌─────────────────────────────────────────┐
│                                         │
│                                         │
│                                         │
│                                         │
│                                         │
│                                         │
│                                         │
│                                         │
└─────────────────────────────────────────┘
```

　日本の大学の授業とアメリカの大学の授業を比較してすぐ気づくことは、日本の大学の授業はとても静かということです。基本的に担当教師が講義を進めていきます。その間、学生からの質問はまずありません。

　アメリカの授業では、いろいろな質問が飛んできます。教師もそれに答えながら授業を進めていかなくてはなりません。しかも、質問に対する答えは教師からだけのものではありません。クラスメートからの答えも返ってきます。もちろん、教師が学生に発言を求めることもよくあります。学生対教師、学生対学生で意見が交わされるのです。このことが「アメリカの授業はディスカッションできる力がなければついていけない」という印象を、日本人大学生の間に植えつける結果になっているのだと思います。

　日本の大学とアメリカの大学の授業風景に、このような違いが見られるのはどうしてでしょうか。第七章で取り上げた、高コンテクスト社会・低コンテクスト社会と密接な関係があると思います。

　高コンテクスト社会では、コミュニケーションの際、「察し」にまかせる部分が多くなります。そういう社会では、相手に質問することがはばかられる傾向が強くなります。「なんかよくわからないなあ」と思っても相手に確認するのを躊躇してしまうのです。

しかし、低コンテクストの社会では、言語ではっきりと伝えることが重要ですので、わからなければ再度説明を求めたり、確認のための質問をしたり、「ここのこういうところがわからない」ときちんと相手に伝える必要があるのです。ですから、アメリカの大学の授業では、わからない点は教師に質問するのがあたりまえなのです。その代わり、教師に発言を求められた場合は、自分の意見を述べるようにしなければなりません。日本の学生のように、質問されて黙り込んだり、「わかりません」と答えるだけで済ませるようなことは許されないのです。

　アメリカ式の活発な授業の一例は、テレビや映画でも放映されましたし、インターネットでその一端を見ることができます。みなさんには一度是非見てほしいと思います。もちろん、アメリカの授業のすべてが、白熱した討論形式の授業だとは限りませんが、参考になるはずです。

　さて、最後の質問です。日本の大学の授業を活性化するためにはどうすればいいと思いますか。具体的な提案をできるだけたくさん書き出してください。

エクササイズ　3　（制限時間：15分）

英語の表現も学ぼう

質問をする　ask a question
活発な　active
確認する　confirm
躊躇する　hesitate
黙りこむ　keep silence
活性化する　activate

Opinion

参考資料

Hall, Edward T., *Silent Language*, New York: Double Day, 1959.
　国博正雄他（訳）『沈黙のことば』南雲堂, 1966.

Hall, Edward T., *Beyond Cultures*, New York: Double Day, 1976.
　岩田慶治・谷　泰（訳）『文化を超えて』TBS ブリタニカ, 1993.

Kaplan, Robert B., "Cultural Thought Patterns in Inter-Cultural Education," *Language Learning*, XII, 1966.

大学入試センター試験,「英語リスニング」第 2 問の問 9，平成 24 年度実施．

『徹子の部屋』

David Letterman, *Late Show*

『ハーバード白熱教室』

おわりに

　異文化コミュニケーションを楽しむためには、日本国内にいるだけでは不十分です。国内にいると居心地がよすぎて安心しきってしまい、いろいろな価値観・ものの見方・考え方に触れる機会が少なくなります。

　世界に出て行くという労力を惜しんでいたのでは、独りよがりになってしまい、世界に通用する新しい考え方を産み出すことは少なくなるでしょう。

　本書を活用したみなさんが一人でも多く、異文化コミュニケーションに興味を持ち、自ら進んで世界を経験するようになることを願っています。

2012 年 4 月

著者略歴

中村良廣（なかむら・よしひろ）

　1951年宮崎市に生まれる。カンザス大学大学院にて博士号取得後、シンガポール国立大学にて日本語教育に従事。その後、国際基督教大学を経て現在筑紫女学園大学文学部教授。その間、アメリカの大学で客員研究員として異文化コミュニケーションの研究に携わる。（2012年4月）

編者略歴

石丸暁子（いしまる・きょうこ）

　1945年佐賀県に生まれる。インディアナ州立ボール・ステート大学大学院、文学修士；国際キリスト教大学大学院、教育学修士；エジンバラ大学大学院、科学修士取得後、談話分析、応用言語学（英語教育・日本語教育）、コミュニケーション研究、異文化コミュニケーション研究に従事。その間、ロンドン大学UCLにおいて文部科学省短期研修、コミュニケーション研究に携わる。群馬県立女子大学・大学院教授、福岡女学院大学・大学院教授を経て、筑紫女学園大学大学院非常勤講師。（2013年12月）

JPCA 本書は日本出版著作権協会（JPCA）が委託管理する著作物です。
複写（コピー）・複製、その他著作物の利用については、事前にJPCA（電話 03-3812-9424, e-mail: info@e-jpca.com）の許諾を得て下さい。なお、無断でコピー・スキャン・デジタル化等の複製をすることは著作権法上の例外を除き、著作権法違反となります。

日本出版著作権協会
http://www.e-jpca.com/

自発学習型 異文化コミュニケーション入門ワークブック

2014 年 9 月 15 日　初版第 1 刷発行
2021 年 6 月 15 日　初版第 3 刷発行

著　者　中村良廣
編　者　石丸暁子

発行者　森　信久
発行所　株式会社　松柏社
　　　　〒102-0072　東京都千代田区飯田橋 1-6-1
　　　　TEL 03(3230)4813（代表）
　　　　FAX 03(3230)4857
　　　　http://www.shohakusha.com
　　　　e-mail: info@shohakusha.com

装　幀　南幅俊輔［COIL］
組版・印刷・製本　倉敷印刷株式会社

ISBN978-4-88198-701-8

Copyright©2014 Yoshihiro Nakamura & Kyoko Ishimaru

定価はカバーに表示してあります。
本書を無断で複写・複製することを固く禁じます。